darfad

Cawl Lloerig

Nia Royles ac Alun Jones (gol.)

Hoffai'r Lolfa ddiolch i:
Ysgol Botwnnog
Karina Perry, Ysgol Caeraenion,
Dafydd Roberts, Ysgol Dyffryn Ogwen,
Steven Mason, Ysgol Uwchradd Llanfair ym Muallt
ac Elizabeth John, Ysgol y Preseli

Argraffiad cyntaf: 2003
ⓅAwdurdod Cymwysterau, Cwricwlwm ac Asesu Cymru, 2003

Golygyddion Pen Dafad: Alun Jones a Nia Royles
Llun y clawr: Geraint Hughes
Cynllun y clawr: Ceri Jones
Cerdd 'Cawl Lloerig': Robat Gruffudd

Comisiynwyd y gyfrol gyda chymorth ariannol Awdurdod Cymwysterau,
Cwricwlwm ac Asesu Cymru

ISBN: 0 86243 702 4

Cyhoeddwyd ac argraffwyd yng Nghymru gan:
Y Lolfa Cyf., Talybont, Ceredigion SY24 5AP
e-bost ylolfa@ylolfa.com
gwefan www.ylolfa.com
ffôn +44 (0)1970 832 304
ffacs 832 782
isdn 832 813

Cynnwys

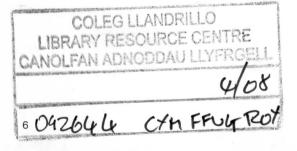

Hat tric
Pennod 1

"Rydych chi'n ymuno â ni yn y funud olaf yn y ffeinal hanesyddol yma rhwng Cymru a Lloegr. Mae hi'n ddi-sgôr ar y funud, ond mae hi wedi bod yn wyth deg naw munud o antur ddi-ben-draw; mae Ryan Giggs wedi taro'r trawst DDWYWAITH i Gymru, ac mae David Beckham wedi methu cic o'r smotyn i Loegr; a... DYDI HI DDIM DROSODD ETO!!!

"Pas hir i lawr y cae gan Beckham, mae o'n llwyddo i ganfod Michael Owen, mae Owen yn nadreddu heibio i Coleman a Page, mae o'n dal i fynd ac mae o heibio i Paul Jones yn y gôl, mae o'n ei cherdded hi i mewn i'r rhwyd. Mae Michael Owen wedi sgorio... NA, ARHOSWCH!!! Be di hyn? Mae Lewis o Gymru ar y lein ac mae'r bêl wrth ei draed. Dydy'r bêl ddim wedi croesi'r llinell. NADI WIR! Mae Lewis yn codi'i ben; mae'n edrych o'i gwmpas; does na run o'i gyd-chwaraewyr o gwmpas yn barod i dderbyn y bêl... Mae Lewis yn dechrau rhedeg i lawr canol y cae, ac yn wir, mae o heibio i Owen mewn un symudiad chwim ac mae o'n fflicio'r bêl dros ben

7

Emile Heskey... Mae o'n dal i fynd, does na neb o dîm Lloegr ar ei gyfyl o.

"Mae Lewis wedi rhedeg at y llinell hanner erbyn hyn; does neb yn gallu'i rwystro fo; mae o'n troi mewn hanner cylch i chwilio am gefnogaeth ei gyd-chwaraewyr... Does na neb o dîm Cymru yn ddigon agos i dderbyn pas... DOS DY HUN, 'Y NGWAS I! Dwi'n dechrau cynhyrfu'n hun erbyn hyn. Bobol bach, am antur enbyd... Mae Lewis yn gwrando arna i, mae'n rhaid. Mae o'n troi yn ôl o gwmpas ac mae'n dod wyneb yn wyneb â Rio Ferdinand. Mae Lewis yn taro'r bêl yn gyfrwys trwy ei goesau ac mae o'n llawer rhy chwim i Ferdinand ei ddal!!! MAM BACH, BE NESA SGWN I? Does bosib yr eith y Cymro bach yr holl ffordd? Erbyn hyn mae o wedi cyrraedd ochr y cwrt cosbi ac unwaith eto mae'n rhaid iddo drechu un o amddiffynwyr Lloegr; Sol Cambell y tro yma. AC AR F'ENAID I, mae o'n rhy chwim iddo fo. Tydi Cambell ddim yn gwybod lle i droi – cyn gynted ag y gwelodd y cawr mawr o Loegr y Cymro bach roedd hi'n rhy hwyr, roedd Lewis wedi mynd heibio iddo fo.

"Dim ond David Seaman y golwr sydd ar ôl i'w guro!! Mae Lewis yn dod yn nes ac yn nes at *bony tail* David Seaman. Mae'r ddau mor agos erbyn hyn mae'n amhosib dweud pwy di pwy!!! Mae Lewis wedi gadael Seaman ar ei ben-ôl ar lawr! Mae o wedi taro'r bêl drwy ei goesau! MAE O WEDI RHWYDO!!!!

"ANHYGOEL – TALENT ARBENNIG!!! BE ALLA I DDWEUD… GWEFREIDDIOL!!! MAE CYMRU, IA CYMRU, WEDI ENNILL CWPAN Y BYD, DIOLCH I SGILIAU SLIC ARWR Y GÊM, JOHN LEWIS… COFIWCH YR ENW! YDAN, RYDAN NI'N DYST I HANES YMA HENO… "

"JOHN, JOHN LEWIS, nei di wrando arna i PLIS? Tyd i nôl dy fwyd. Gwranda di arna i, os glywa i chdi'n dynwarad Nic Parry unwaith eto yn yr ardd ma, mi fydd na le, DALLD?! Ti'n gwbod yn iawn fod Mr Parry drws nesa di cwyno DEIRGWAITH amdanat ti'n barod. Ti'n gneud ei fwjis o'n fyddar medda fo… CER I'R TŶ NA'R MUNUD MA!"

"OCÊ, ocê Mam, mond cael chydig o hwyl o'n i!"

Llais blin Mam. Mae hi 'di cal llond bol arna i'n chwarae pêl-droed yn 'rardd. Mae hi'n deud bod Mr Parry drws nesa yn cwyno, ond dwi'n ama na hi sy'n poeni mod i'n chwalu ei bloda hi wrth gicio'r bêl i'r clawdd.

"BE DWI DI DDEUD 'THA CHDI AM SGIDIA BUDUR YN Y TŶ, JOHN?"

O damia, anghofish i dynnu'n sgidia mwdlyd i ffwrdd cyn dod i'r tŷ. DAMIA!

"Sori, Mam, tisio fi fynd i nôl dyspan?"

"NAGOS. TYD I NÔL DY FWYD Y MUNUD MA!"

O 'sam byd yn plesio mama', de! Dwi'n cynnig clirio ar fy ôl, a be di'r diolch dwi'n gal? Ia, coblyn o lond pen!

"Iesu, lle ti di bod, dwad, hogyn… O na, witia, paid â deud 'tha i, yn breuddwydio yn 'rardd na eto, ia? TWPSYN!"

Dad yn cega wan. Sa neb yn cadw mhart i yn y lle ma di mynd!

"Be sy na i fwyd, Mam?"

Llais cocynaidd fy mrawd hŷn, Jason. Mae o'n wych mewn pob dim! *You name it* de, ma Jason yn wych yn 'i neud o: chwarae pêl-droed, gath o 'i bigo i dîm ieuenctid Gogledd Cymru. Mi gath o 'i bigo i chwarae rygbi dros ieuenctid Gogledd Cymru hefyd, a fo sy'n dal record can metr Eryri. Ond tydi Jason ddim jysd yn llwyddo mewn chwaraeon. O na. Fo sy â'r marciau gorau ym mhob pwnc yn yr ysgol. Mae *o* yn cael A★ mewn Gwyddoniaeth Dwbwl, heb sôn am A★ mewn Llenyddiaeth Saesneg. Mae ganddo fo dalent arbennig ym *mhob* maes! Mae Mam a Dad yn 'i addoli fo.

"Pam na alli di fod mwy fath â dy frawd, John?"

Dyna dwi'n gal os dwi'n dod yn ail mewn ras 200 metr, neu'n cal gradd C mewn prawf sillafu Ffrangeg!

"*Spare Ribs,* 'y ngwas aur i," medda Mam mewn llais diniwad.

"*SPARE RIBS*?" medda fi.

"Ia, John, ti'n fyddar dwad, y lastig nicar diawl?"

Dad yn trio bod yn ddoniol, ac mae Jason yn marw chwerthin am fy mhen i wrth gwrs. Mae o wrth 'i fodd pan mae Dad yn pigo arna i. Dwi'n ôl yn rhythu ar *spare ribs* eto. Ych a fi, gas gin i nhw, chips tew seimllyd o'u cwmpas nhw, a nhwtha'n gorwadd yn y canol fath â ryw goesau ci. Wath i mi fwyta fo ddim chwaith, achos os na wna i, mond mwy o sbeitio ddaw o gyfeiriad Dad a Jason… Sgwn i be odd enw'r ci gafodd 'i ladd i neud y *rib* ma?… Mot ta Fflei?!

Pennod 2

"Mam, dwi'n sâl... Yyyyyy... "

Mae hi'n ddiwrnod Ffeinal Gêm Gwpan fawr yr ysgol heddiw yn erbyn Aber Stid, a gesiwch blydi be, goeliwch chi fyth – dwi'n uffernol o sâl.

"Mae'r hen *spare ribs* na gawson ni neithiwr di troi arna i, Mam."

"*Dwi'n* teimlo'n iawn," medda Jason.

Dad yn codi'i ben o'r tu ôl i'w bapur newydd.

"A finna."

Rêl Dad, yn cytuno efo Jason.

"Na ni. Yli, John, dy blydi stumog di sy'n rhy dendar. Ti'n dena fath â weiran gaws, dydi Jason?"

Dad a Jason wrthi eto'n cicio brawddega sbeitlyd i nghyfeiriad i.

"Ond dwi YN sâl, Dad!"

"Oooooooooooooooooo? Di'r ffaith bo chdi'n sâl yn mynd i stopio chdi chwarae pêl-droed heddiw, yndi? Nath hynny rioed fy stopio i, naddo, Dad?"

"Naddo, Jason."

Jason wrthi eto yn brolio'i hun.

"Un tro, de, es i chwarae pêl-droed yn diodda o ddeiarîa difrifol, ti'n cofio, Dad?"

Di Dad ddim am gael cyfla i atab tra ma gin inna hefyd dafod yn fy ngheg –

"PWY OFYNNODD I CHDI YN Y LLE CYNTA, COCYN?" medda fi wrth Jason gan daflu pacad o Weetabix ato fo. "Be sgin hyn i neud efo chdi, dwad?" Dwi di gwylltio rŵan, de. "Ofynish i chdi ddechra parablu? Gwranda'r pansan bach, does gan dy stori di yn trio bod yn 'hîro' ddim byd i neud efo fi'n sâl rŵan, nagoes?"

"HEI… CALLIA NEI DI, JOHN?" – Mam, yn trio cadw part Jason.

"Gwranda, John, jysd deud oedd Jason bod o di bod yn yr un sefyllfa â chdi… "

"O, dwi'm isho gwbod, Mam… Dwi'n mynd i'r gêm ma jysd i gael llonydd oddi wrthach chi i gyd, wir Dduw."

Dwi di gwylltio'n gandryll; pa hawl sy gan 'coc of ddy north' ei hun – rhen Jason na – i ddeud wrtha i be i neud?

Dwi'n cau'r drws cefn yn glep yn eu gwyneba hyll nhw, ac yn rhedag i ddal y bys i'r gêm… Rhyfadd 'fyd, dwi'n teimlo fymryn gwell wan – mae'r boen yn fy mol wedi diflannu mwya sydyn!

Pennod 3

"STOP!! STOP, BLYDI HEL, STOPIWCH SYR!"

Mae'r bys-mini sy'n mynd â ni i'r ffeinal yn mynd hebddaf fi… DAMIA!

"STOPIWCH SYR, PLIS NEWCH CHI STOPIO… "

Dydy Parry PE ddim yn fy ngweld i yn ei ddrych… Be na i? Na i byth ddal y bys yn fama, mi fydd yn rhaid i mi redag drwy fynwant Eglwys Llanfor i drio'i stopio fo ar allt Tan Bryn. Alla i neud hi? Wel, 'sdim eiliad i golli – ffwrdd â fi!

Dwi'n rhedag drwy'r fynwant erbyn hyn, heb ddim amsar i sbio ar y gofeb a rhyw bopis coch drosti – *who bloody well cares* am y rhyfal eniwe? Newyddion ddoe di hwnnw bellach, ac mae gin i fys i'w ddal.

Dwi'n teimlo ngwynab i'n poethi a nghoesau i'n blino, ond dwi ddim am roi'r ffidil yn y to. Dim eto, beth bynnag! Mae ceg allt Tan Bryn yn dod i'r golwg – jest gobeithio i'r nefoedd mod i wedi cyrraedd mewn pryd.

"Damia. Cachu rwtsh!"
DWI DI COLLI'R BALI BYS.

Dwi'n clywad llais Jason yn atseinio yn fy nghlustia
i…

"Swn *i* ddim yn hwyr i ddal bys i gêm bêl-droed de,
ond taswn i ryw fymryn yn hwyr ac yn colli'r bys, swn
i yn siŵr o fod wedi'i ddal o wedyn ar allt Tan Bryn
drwy redag drwy fynwant Eglwys Llanfor! Ti'n rhy
slo, John; ti'n hoples-cês, ti'n da i ddim; nagwt!"

Yn ara bach dwi'n llusgo nhraed am adra, a mhen i
lawr yn sbio ar y cracia yn y pafin. Sut ddiawl gollish
i'r bys na? Dwi'n rêl hen idiot. Ma Jason yn iawn —
dwi'n da i ddiawl o ddim.

Mae hi di dechra bwrw mwya sydyn, a phetha'n
edrych fel tasan nhw'n mynd o ddrwg i waeth, felly
dwi'n rhedag i chwilio am gysgod yn Garij Ifan. Ac ar
f'enaid i, be sy reit o mlaen i ydy bys-mini'r ysgol, a
Parry PE yno wrth ei ochor o'n ei lenwi â phetrol…
Am blydi jami!

Dwi'n rhedeg at y bys, yn wlyb at fy nghroen.

"LLE GOBLYN TI DI BOD, JOHN LEWIS?"

"Yn trio rhedag ar ych ôl chi, syr! Nathoch chi'm
'y ngweld i ar allt Tan Bryn? Roedd rhaid i mi drio
rhedag ar eich ôl chi drwy fynwant Llanfor! On i'n
meddwl mod i heb eich dal chi mewn pryd de, a dyna
pryd welish i chi yn fama!"

"Wel, ti'n ddiawl o foi lwcus mod i heb lenwi'r bys ma efo petrol neithiwr, yn dwyt y cena... NEIDIA MEWN NEI DI, Y TWMFFAT!!!!"

Dwi'n neidio ar y bys yn fy hwylia erbyn hyn.... ABER STID 'HERE WE COME'.

Pennod 4

"Sbiwch pwy sy di cyrradd, hogia – rhen Joni Bach ei hun."

Llais sbeitlyd Gareth Hughes yn tynnu fy sylw. Mae Gareth yn ei seithfed nef yng nghefn y bys-mini, efo tri o'i weision bach o'i amgylch: Huw Jones, Tomos Williams a Carwyn Owen. Mae'r pedwar yma'n meddwl na nhw pia'r bys! Maen nhw'n meddwl y ca'n nhw neud fel lician nhw, ac mi ga'n nhw hefyd, achos bod tad Gareth (William Hughes) yn bennaeth ar lywodraethwyr yr ysgol. Mae hyd yn oed yr athrawon eu hofn nhw. Parry PE yn un! Mae o'n ormod o gachgi i beidio rhoi lle yn y tîm iddyn nhw…

"Dowch, Syr. BLYDI HEL, dach chi'n slo!"

Llais Gareth eto, yn meddwl ei fod o'n uffar o foi yn gweiddi ar Parry. Coblyn o bansan di o yn y bôn – mae o'n ffansïo'i hun yn uffernol, yn meddwl ei fod o'n dipyn o foi efo'r genod. Tydi o ddim, de! Jysd fo sy isio dangos ei hun i'r giang.

Dwi'n ista i lawr yn ffrynt y bys erbyn hyn. Dos na'm pwynt i mi fynd i chwilio am sêt yn y cefn, cha i mond fy sbeitio yn fanno! Does na'm ots lle dwi'n mynd – ma na rywun yn pigo arna i: Mam, Dad a Jason adra, a blydi Gareth Hughes a'i giang yn 'rysgol. Sma'n llonydd i gal. Ma'r Aber Stid ma'n uffar o dîm, de, a dwi ddim yn sôn am goblyn o dîm pêl-droed da, O NA… Uffar o dîm budr di rhein – maen nhw'n gneud i Roy Keane neu Vinnie Jones edrach fel seintia. Cweir go iawn sy'n y'n disgwyl ni yn Aber Stid, mae hynny'n ddigon siŵr.

Daeth Mam gartre o'r gwaith ddoe a dweud wrth Dad, 'Dilwyn, wnaiff y car ddim cychwyn, a dydw i ddim yn gwybod be sy'n bod arno fo.'
Mi holodd Dad beth oedd yn bod ac fe ddywedodd hi bod dŵr yn y *carburetor*.
Crafodd Dad ei ben, 'Beryl, doeddwn i ddim yn gwybod dy fod ti'n gwybod y gwahaniaeth rhwng y *carburator* a'r corn hyd yn oed... '
'Wel, mae 'na ddŵr yn y *carburator* yn saff i ti,' mynnodd Mam.
'Iawn, os wyt ti'n deud. Mi gymra i gip arno fo rŵan. Lle mae'r car gen ti?' holodd Dad.
'Yn y llyn.' atebodd Mam.

Pam na wnaeth yr iâr
groesi'r ffordd?
Gan ei bod
hi'n gwybod y jôc.

Roedd tîm pêl-droed o chwain yn chwarae mewn soser, ac yn defnyddio siwgr lwmp fel pêl, ond doedd yr hyfforddwr ddim yn hapus...
'Dewch hogia! Rhaid ichi chwarae'n well na hyn! Rydan ni'n chwarae yn y cwpan fory!'

Beth mae iâr yn ei wneud os oes ganddi un droed ar lawr?
Dal yr un arall i fyny.

Pa anifail ym Mhegwn y Gogledd sydd â dau lwmp ar ei gefn?
Camel ar goll!

Mae Dafydd yn dweud wrth ei dad, 'Dad mae Carlo y ci ar goll. Beth fedra i wneud?'
Medd Dad, 'Rho hysbyseb yn y papur bro.'
'Ond Dad, dydi Carlo ddim yn medru darllen!'

Adolygiad o *Sgôr*

Grêt. Blydi fflipin grêt. Dyddiadur ydy o. Dyddiadur wedi'i sgwennu gan brif gymeriad o'r enw Sion ap Gwynfor.

Waeth imi ddweud y gwir ddim. Dyma oedd yn mynd trwy fy meddwl i wrth i mi isda lawr efo mhanad a nghopi o *Sgôr* ar soffa'r gegin. Doedd gan run asgwrn yn fy nghorff awydd ei darllen hi, ond dyma ddechra ar y llafur, ac erbyn y drydedd dudalen ron i'n glŵd.

Hogyn o'r enw Sion, gog, yn symud i wlad yr hwntws. Wel 'even' os ti'n 'tôco' fel hyn, neu fel fi, mae'n amlwg bod na stori dda am ddod. Pobol wahanol. Cefndir gwahanol. Syniadau gwahanol = stori dda. O, a jest i mi gael rhoi'r record yn sdrêt, os dach chi'n gog pur fel fi, does dim rhaid i chi boeni am ddeall yr acen. Fel mae Sion ei hun yn ei ddweud yn y nofel, "Fedrwch chi'm cael eich magu ar *Pobol y Cwm* heb ddod i ddeall rhywfaint ar iaith y de… "!

Beth sy'n gwneud stori dda? Themâu diddorol? Deialog gyffrous? Gwrthdaro? Wel, dim ots pa mor hir ydy'r rhestr, y nodwedd bwysica yn fy marn i ydy cymeriadau credadwy! O brofiad byw a bod mewn ysgolion uwchradd mae'r awduron wedi taro'r hoelen ar ei phen, ac wedi llwyddo gyda chriw Penbwl. Eisiau eu nabod? Darllenwch ymlaen...

Mosh, swnio'n rêl pishyn. Yn cŵl hefyd, ac yn un o'r hogia ma sy allan o gyrraedd pawb ond yr un mae o'n licio. Hmmm – ddeudish i ormod yn fanna, dwch?

Jason. Y typical 'hogyn'. Meddwl ei fod o'n anrheg gan Dduw i ferched y byd a'i ego fo'n fwy na fo weithia! Ond, er dweud hynny, ella fod ei geg o yn y lle rong ond mae'i galon o yn y lle iawn, chwara teg.

Sian Tal, wel Chantelle go iawn. Ond mae 'Chantelle' yn enw mor ponsi, tydy, os dach chi'n gofyn i fi, o gysidro bod ei brawd hi wedi cael ei alw yn Framboise!!! Mae llawer i laff fel hyn yn y nofel!! Hogan neis, unigryw, yn ei byd bach ei hun... ond am ba hyd?

Ashley Philpot... AKA Ashley Pisspot. Un o'r swots! Acen y de rili gryf gyda fe like, as in RILI!

A heb anghofio Lara a'r Cotton Buds... A' i ddim i sôn am rhein. Maen nhw'n rhai o'r bobol na sa'n well gynnoch chi anghofio amdanyn nhw. Sy'n dweud hen ddigon!

A... Toes na un ym mhob ysgol? Teleri. Hon ydy'r un yn ysgol newydd Sion. Y sdynar, y sdoncar, y bêb, beth bynnag alwch chi nhw. Maen nhw'n enwog am dorri calonnau a chreu gwrthdaro ac mae Teleri'n rhan bwysig iawn o'r stori yma. Wrth gwrs, mae Sion yn cymryd ffansi ati, waeth i mi ddweud hynna wrthach chi rŵan. Ond, ai peth dwy ffordd ydy cariad golwg-gynta-to-die-for-lysh-ysgol-uwchradd? Neu oes yna ambell garreg ar hyd y ffordd? Dewiswch chi. Efallai na fydd eich barn yr un fath ar ôl darllen *Sgôr*.

Mae sbardun y stori'n tanio pan mae Sion yn ymuno â band o'r enw Penbwl, sy'n cynnwys yr aelodau Mosh, Jason, Sian Tal, Teleri, a heb anghofio... Sion! Mae o ar ben y byd yn cael ei dderbyn gan y grŵp, ond ydy Sion yn barod am hyn? Cael bod yng nghwmni Teleri, cael cyfle i chwarae ei sacs a chyfle i wneud ffrindiau newydd. Ydy Sion yn barod am hen hanes y grŵp sy'n llechu dan grachan na ddoth o rioed yn ddigon agos ati i'w chrafu, ond sydd eto yno'n ei boenydio fo? Taw pia hi!

Wel, ydw i wedi dweud digon bellach, dwch? Ydw i wedi eich argyhoeddi chi fod hon yn nofel gwerth ei darllen? Yn sleifar, hymdingar a lysh o nofel? Neu oes angen mwy o berswâd arnoch chi?

Dwi rioed wedi gweld llgada Mam yn lledu gymaint â ddaru nhw wrth fy nghlywed i'n dweud mod i am fynd i ddarllen *Sgôr* yn lle gwylio *Big Brother*!

Chefais i'm swpar echnos... o'n i'n methu ei rhoi hi lawr.

Dwi wedi'i hailddarllen hi.

Ydw i wedi'ch perswadio chi bellach? Gobeithio wir.

Un dydd wrth i ddeifiwr blymio 20 troedfedd i lawr o dan wyneb y môr, gwelodd ddyn ar yr un lefel â fo heb offer deifio o fath yn y byd.

Plymiodd y deifiwr yn 10 troedfedd yn is, ond roedd y dyn wrth ei ochr yn fuan wedyn. Aeth y deifiwr 15 troedfedd arall yn is, ond ymhen munud ymunodd y dyn heb offer deifio â fo eto. Roedd y deifiwr wedi drysu. Estynnodd ei bapur a phensil gwrth-ddŵr a sgwennu:

'Anhygoel! Sut rwyt ti'n gallu aros mewn môr mor ddwfn heb offer deifio?'

'Gafaelodd y dyn yn y papur a phensil, chwalu geiriau'r deifiwr a sgwennu, 'Dwi'n boddi, y ffŵl!'

Sut gallwch chi rwystro ceiliog rhag canu ar fore Llun?
Ei fwyta i ginio dydd Sul!

Beth sy'n waeth na jiraff efo dolur gwddw?
Neidr gantroed efo llosg eira.

Beth ydy'r bwyd mwyaf drewllyd yng Nghymru?
Rhechdan jam!

Beth sy'n rhedeg o amgylch cae ond sydd byth yn symud?
Ffens.

Un tro roedd Idris yn mynd â gorila am dro. Stopiodd heddwas o a dweud wrtho,

'Cer â'r gorila na i'r sw.'

'Syniad da,' meddai Idris.

Y bore wedyn roedd Idris a'r gorila yn cerdded lawr y stryd pan welodd yr heddwas eto.

'Ron i'n meddwl fod y gorila na'n mynd i'r sw.' meddai'r heddwas.

'Fuon ni yno ddoe, a chael amser da iawn,' meddai Idris. 'Dan ni'n mynd i'r sinema heddiw.'

Diwrnod ar y fferm

Os ga i lawer mwy o waith papur gan y blwmin Llywodraeth, dwi'n siŵr o foddi dano fo i gyd. Roedd bywyd gymaint yn haws ers talwm, heb ddim o'r lol ma, y ffurflenni hyn a'r ffurflenni eraill, y drwydded hon a'r drwydded arall. Lol botas maip i gyd. Y Llywodraeth yn meddwl eu bod nhw'n gwybod pob dim. Does gan ffermwyr y dyddiau yma ddim rhyddid.

Be sy gen i i'w wneud heddiw, dwch? O ia. Symud y defaid na i Bant Gwyn a hau llwch yn Cae Canol a Chae Bryn cyn iddi fwrw. A dyna i chi'r mynyddoedd o waith papur sy ar fwrdd y gegin. Does dim llonydd i'w gael.

I ffwrdd â fi, ta, i symud y defaid. Sgwn i lle mae Nel, a sut hwyl sy arni hi? Gobeithio y bydd ei meddwl hi ar waith heddiw, a bod hi ddim ar y 'go slow'. Sgin i ddim math o awydd rhedeg ar eu hôl nhw fy hun heddiw. Mae gen i ddigon o bethau eraill i'w gwneud, heb sôn am ladd fy hun yn rhedeg.

"Nel! Nel! Tyrd yma, Nel! Tyrd yma."

Iesgob, dyma hi'n dod fel cath i gythraul.

"Da'r hogan. Ti'n barod am waith?"

Amser mynd i nôl y defaid o'r cae dan sièd. Ydy Nel yn dod? O nac ydy. Lle mae hi wedi mynd rŵan eto? Roedd hi yma ddau funud yn ôl.

"NEL! TYRD YMA RŴAN."

Ar 'go slow' go iawn heddiw, byswn i'n 'i ddweud. Ond dydw i ddim yn rhedeg heddiw. Mi wna i'n siŵr o hynny. Ydy pob dim yn barod? Giât y gorlan yn agored a giât y lôn wedi cau rhag ofn i betha fynd yn draed moch.

Mae'r cae'n wlyb heddiw, ond dwi'm yn cofio hi'n bwrw neithiwr. Mae'n rhaid mod i wedi cysgu'n drwm.

"Cer draw, Nel. Cer draw."

Rhywun ar frys heddiw mae'n amlwg. Mae'n mynd fel mellten. Ond mae hi'n methu rhai yn fancw. Mae'n siŵr o sylwi mewn munud. Argol, dal arni am funud. Mae ar ei ffordd yn ôl i fama.

"NEL, CER DRAW. CER DRAW. O! GORFADD TA! ER MWYN DYN, GWNA RWBATH DWI'N EI OFYN I CHDI!"

Mi dria i eto!

"Nel, cer draw."

Mae'n amlwg bod y ci ma'n gwbod nad oes gen i ddim trwy'r dydd, ac mae'n gwneud ei gora i dynnu'n groes. O! mae na lygedyn o obaith. Mae hi wedi cychwyn o'u cwmpas nhw eto. Wel wir, mae hi'n dod â nhw i gyd i fyny hefo hi y tro yma. Taclus iawn, rhaid i mi ddeud. Pawb trwy'r giât heb lol. Llawer gwell nag arfer.

O daria las, y blwmin dyn drws nesa. Mae o'n gwbod yn iawn fod yna reswm pam mae'r giât wedi cau, ond be mae'r ffŵl yn ei wneud yn ei gadael hi'n agored? A dydy'r defaid ddim yn stiwpid. Maen nhw'n gwybod yn iawn lle i fynd am fymryn o heddwch. Yn syth i lawr y lôn! Wel, sgin i ddim dewis ond rhedag, neu mi fyddan nhw yng ngardd Mr Hughes. Maen nhw bob tro yn dewis y gerddi mwya perffaith! A bil hyd fy mraich yn dod trwy'r twll llythyra am ei 'prize winning' chrisanthynyms a'i bansis.

Rhy hwyr, a minnau wedi lladd fy hun yn rhedeg. Blodyn yng ngheg bob un ohonyn nhw, a Mr Hughes yn y canol efo brwsh llawr yn gweiddi.

"Mae'n ddrwg iawn gen i, Mr Hughes."

"Mi fyswn i'n meddwl wir. Cerwch â nhw o ma y funud yma. Sbiwch golwg sy ar fy mloda i!"

"Dwi'n mynd rŵan. Gyrrwch y bil acw."

"Siŵr o wneud. Mi fydd o hefo chi fory."

Pwy mae o'n 'i feddwl ydy o? Mond ychydig o floda ydyn nhw. O leia mae'r defaid wedi cael llond eu bolia ac yn ddigon bodlon mynd yn ôl adre heb ffrae. Gobeithio bod Nel yn o agos at giât y lôn er mwyn cael rhain i'r gorlan. Da iawn chi. Trowch i'r chwith. O'r diwedd mae'r diawlaid bach i mewn.

Tasa rheola stiwpid y Llywodraeth ddim yn bodoli,

mi fyswn i wedi cael gwared ar y defaid yma wythnos diwetha, yn lle cael bil anferth drwy'r post. Ond na, oherwydd bod y blwmin fuwch na wedi colli ei llo roedd yn rhaid i mi brynu llo arall iddi. Wrth gwrs, oherwydd eu rheola nhw doeddwn i ddim yn cael gwerthu dim byd am ugain diwrnod ac felly mae'r rhain i gyd yn dal yma, yn achosi trwbwl. Gora po gynta y ca i nhw i Ben y Bont.

Gwell i mi nôl y drwydded cyn eu rhoi nhw i mewn yn y trelar, rhag ofn i mi ei hanghofio hi a chael fy nal. Wedyn mi fysa na drwbwl. O diar, dydy hi ddim ar fwrdd y gegin. Dwi'n siŵr mai yno rhois i hi.

"Meri, wyt ti wedi gweld fy nhrwydded symud defaid i?"

"Yn y peil o bapura ar fwrdd y gegin gwelais i hi ddiwetha."

"Wel dydy hi ddim yma rŵan!"

"Mae'n rhaid ei bod hi. Dydw i ddim wedi'i symud hi."

"Dydy hi ddim yma. Mae'n rhaid i mi symud y defaid heddiw."

"BRING, BRING, BRING!"

"O, iawn. Mi fydd o draw i'w nôl o rŵan. Hwyl! John, mae'r blincin tarw yna draw yn Gwyndy."

"Be!"

"Mae Sionyn y tarw wedi mynd draw at heffrod Gwyndy."

"O! Fedar y diwrnod ma fynd rhywfaint gwaeth? Waeth i mi anghofio am symud y defaid na. Duw a ŵyr pa fisdimanars mae Sionyn wrthi'n eu gwneud."

O, dyna fil arall. Reit ta, y tarw yna yn ôl i'r cae gynta. Trio'i hel o'n ei ôl y ffordd y daeth o? Na, dim gobaith. Trelar. Neith o ddim byd ond malu ffensys fel arall. Dyna ydy stori bywyd Sionyn y tarw, malu pob dim yn ei lwybyr.

A' i â Nel hefo fi ta peidio? Na, mae hi'n ddigon croes heddiw.

O blincin hec! Heffrod pedigri Ffrisian ydy rhein. O diar! Mi fydd Huw yn flin ar y naw. Trio'i osgoi o wna i. O daria! Fedra i ddim. Mae'n rhaid i mi gael Sionyn i'r iard er mwyn ei gael o i'r trelar. O, daria'r blincin Llywodraeth. Mi fyswn i wedi cael gwared o hwn wythnosa'n ôl heblaw am eu rheola nhw. A rŵan mae o'n creu pob math o hafoc. Mae'r diwrnod yma'n mynd o ddrwg i waeth.

"Helô, Huw. Sut mae hi heddiw?"

"Ddim yn dda iawn. Ro'n i wedi gobeithio rhoi tarw enwog iawn i'r heffrod yma. Dim lwmp tew Charolais."

"Wel ia, mae'n ddrwg iawn gen i."

Mi ddyliai hwn o bawb ddeall bod petha'n anodd iawn ar y funud. Dydy o ddim yn deall bod gen i gant a mil o betha i'w gwneud, heb orfod gwrando arno fo'n paldaruo?

"Oes na rywla fedra i ei roi o er mwyn ei gael o i mewn i'r trelar?"

"Oes – yr iard fach fyswn i'n meddwl. Ta ydy o'n debygol o dorri allan o fanno hefyd?"

Ha ha, doniol iawn. Dydw i ddim yn chwerthin. Sgwn i a helpith o fi, ta dim ond ngwylio i'n rhedeg fath â ffŵl? Wel, dydw i'm gwaeth o ofyn mae'n siŵr. Neu peidio fyddai'r gora? Mae'n siŵr bod ganddo fo lawer i'w wneud hefyd. Ond mi fydd wedi'i wneud yn gynt wedyn.

"Fedri di ddod i'm helpu i am funud? Mae'r hen Sionyn yn gallu bod yn groes weithia, yn enwedig pan mae na ferched o gwmpas."

"Ma'n siŵr, ond does gen i ddim llawer o amser. Angen mynd â gwaith papur i'r swyddfa yng Nghaernarfon arna i. Angen trwydded i symud yr heffrod yma, rhag ofn i Sionyn benderfynu ei fod o eisiau galifantio eto."

"Diolch. Gymrith o ddim dau funud hefo'r ddau ohonon ni wrthi."

Gobeithio bod sgilia hel gwartheg hwn wedi gwella. Mi oedd o'n ddifrifol y tro diwetha bues i'n hel defaid efo fo. Dim syniad ganddo lle i sefyll. Mi fysa Nel ar ddiwrnod drwg wedi gwneud yn well. Iesgob! Am heffrod bach neis. Dwi'n siŵr byddan nhw'n groesiad da iawn efo Sionyn. Gwell i mi beidio dweud hynny wrth Huw rhag ofn i mi gael pregeth am y tarw roedd o'n bwriadu'i ddefnyddio.

Wel wir, mae'n edrych fel petai Sionyn am ddod heb ffrae. Mae o'n cerdded yn syth tuag at y giât. O leia mae un peth yn mynd yn llyfn heddiw, yn wahanol iawn i bob dim arall rydw i wedi trio'i wneud. Dan ni wedi cyrraedd yr iard heb drafferth. Y cwestiwn nesa ydy a wneith o fynd i'r trelar heb ffrae. Na ydy'r ateb syml i hynna. Does ganddo ddim math o isio mynd i mewn. Na, y gwir ydy, dydy o ddim yn mynd i mewn. Mae mor syml â hynna ym marn Sionyn. Pam ar y ddaear mae Huw yn neidio o'i ffordd o, y ffŵl? Neith o ddim byd iddo fo, siŵr. Wnath Sionyn ddim niwed i neb rioed. Dim ond edrych ar rywun yn flin fydd Sionyn, siŵr iawn.

"Dos i mewn, Sionyn."

Mae o angen swadan go dda ar ei ben ôl ac mi eith i mewn fel mellten. Dyna ni. Dim ond hynna oedd angen. Gwell i mi beidio siarad gormod. Mae gen i lond gwlad o bethau i'w gwneud adra.

"Gwell i mi fynd rŵan. Llond gwlad o bethau i'w gwneud adra. Gwaith papur a ballu."

"Iawn. Mi wela i chdi o gwmpas."

Diolch byth, nath o ddim paldaruo am ei heffrod pedigri ffrisian a'r tarw enwog. Geith Sionyn fynd i Cae Felin rŵan, yn ddigon pell o gaea Gwyndy. Dim mwy o drwbwl ganddo fo, gobeithio. Reit ta, rhaid i mi gael hyd i'r drwydded symud defaid yna, hau llwch yn Cae Canol a Chae Bryn. Rhaid i'r mynydd o waith papur na sydd yn y gegin aros.

Gan fod Sionyn yn saff yng Nghae Felin, ga i fynd i hau llwch. O blincin hec! Tropyn o ddŵr ddisgynnodd ar fy nhrwyn i? Nage. O daria, ia! Mae wedi canu arna i hau llwch rŵan, yn tydy. Waeth i mi roi'r ffidil yn y to ddim a mynd i wneud fy ngwaith papur. Tasa'r dyn drws nesaf heb adael y giât yn agored a Sionyn heb fynd draw i Gwyndy, mi fyswn i wedi gallu gwneud yr holl betha ar fy rhestr am heddiw. Ond wnes i ddim gorffan run ohonyn nhw. Dim un! Mae pob dim wedi mynd o'i le.

Gwaith papur, dyma fi'n dod. Er nad oes gen i ddim math o awydd 'i wneud o. Dydy o'n ddim byd ond rwtsh llwyr.

"John! Rydw i wedi dod o hyd i'r drwydded yna i chdi. Wedi disgyn tu ôl i'r trê dal papur."

Ia mwn. Jyst fy lwc i.

Traws gwlad

Un dau tri – ewch!
I lawr yr allt –
Sŵn gwadnau treinyrs adidas ar y tarmac
Fel cwaferi ar erwydd y lôn.
Pawb yn fy mhasio.
Croesi'r ffordd.
Llais yn atseinio, atseinio yn rhythm, yn guriad ar ddrwm y co
PAID Â STOPIO, PAID Â STOPIO, Paid â stopio
Ar hyd y llwybr, trwy'r cae.
Arogl tail, gwellt a hen chwys
A'r mwd yn llyfu'n legato dan draed.
Llygaid wedi serio
A'r boen yn fy ochr fel traw staccato.
Rhaid stopio.
Stopio.
Llais yn atseinio, atseinio eto.
TYRD YN DY FLAEN, TYRD YN DY FLAEN,
Yn rhythm, yn guriad calon cynulleidfa.
O sgin i'm mynadd
Dwi'n casáu hyn.
Geiriau'n ddiscord.
Pasio'r capel fel un nodyn unig mewn hen gân.
Yn ôl i fyny'r allt...

Elfair Grug Dyer

Roedd gweinidog Nebo wedi marw, a phan gyrhaeddodd y nefoedd cafodd siom o weld fod gan yrrwr tacsis o Ben-y-groes goron fwy ar ei ben na fo.

Dywedodd wrth un o'r angylion, 'Dwi ddim yn deall. Fe gysegrais i fy mywyd i mhraidd.'

'Rydan ni'n gwobrwyo canlyniadau,' oedd ateb yr angel. 'Oedd eich praidd chi'n gwrando ar eich pregethau bob tro?'

'Byddai un neu ddau'n pendwmpian weithiau,' atebodd y gweinidog. Esboniodd yr angel,

'Pan oedd pobl yn mynd yn nhacsi'r dyn yna, nid dim ond aros yn effro oedden nhw, ond roeddan nhw'n gweddïo hefyd.'

Prynodd gwraig goes oen gan y cigydd a'i goginio. Pan dynnodd hi o allan roedd wedi shrincio bron yn ddim. Aeth yn ôl i gwyno. 'Dyna od,' meddai hwnnw. 'Roedd Mam wedi gweu siwmper i fi, a phan olchodd hi, mi shrinciodd bron yn ddim. Mae'n rhaid eu bod nhw o'r un ddafad.'

Dave

… Stwmp… stomp… stwmp… stomp…

Dyna un arall wedi mynd. Pacad ugain yn wag.

Tra dwi'n cofio, mae hi'n noson bins heno. Sa'n well i mi eu rhoi nhw allan cyn i Donna ddod yn ei hôl o'r Bingo Bonanza na yn y dre.

Estyn am y pacad oddi ar y bwrdd gan godi'n ddiog.

"Terry, Emma, rhoswch lle dach chi rŵan tra ma Dad yn mynd â'r bins allan. Ocê. Na blant da."

Agor y drws cefn gan adael i'r oerni daro fy wyneb yn hegar. Arglwydd, ma hi'n oer. Mi ddylia mod i wedi gwisgo côt, myn diain i. Am noson ddistaw. Dim byd i'w glywed ond atsain y teledu y tu mewn i'r tŷ.

Yn sydyn dwi'n clywed anadlu dwfn crynedig cyfarwydd.

"Y… y… y… y… y… Dave, Dave ti'n nghlwad i?"

Spike sy ma. Yn begian eto.

"Yndw Spike, ond dwi'm yn gwerthu ar ddydd Sul… Jyst, jyst dos o ma. Dim yn fama reit, dim ond o'r fan ice-cream."

Fel mochyn wedi marw, y llygaid llo, llwyd, hanner agored yn syllu arna i. Hen grys awê Arsenal wedi colli'i liw yn groen amdano a jîns â mwy o dylla na sach nionod. Dim ond ugain oed ac ma golwg y cythral arno fo hefyd. Wedi cal 'i gicio allan o'i gartra gan 'i fam ers misoedd. Troi at gyffuria pan oedd o yn yr ysgol nath o – cael 'i ddenu gan y criw rong, chwedl Spike.

"Wel… mond am heno ta, ond paid ti â meiddio dod yn agos at 'y nhŷ fi eto, ti'n clwad?!"

"Y… y… y thancs mêt, ti'n laiff-sêfyr," mwmiodd Spike.

Llithraf yn llechwraidd fel llwynog i'r cwt-allan, ac estyn am hen fag Reebok glas sy wedi'i gladdu rhwng sawl bocs tsiocled Flake a wafers.

"Hwda."

Sgleinia'r bag yng ngola oer y lleuad, yn union run fath â'r glafoerion a lithra o geg Spike. Papur ugain yn disgyn i'm llaw gynnes, euog, o gledr un arall dena a chyffrous.

"Dad… lle dach chi?"

"Dwad rŵan! Dos, Spike!"

Af yn ôl i'r tŷ gan roi'r teciall i ferwi a sodro'r papur ugain yn y tun lliw mêl sy'n dal y pres Dolig ar ben y ffrij. Be dwi di neud? Be sy ar y mhen i? Pam dwi'n gwneud y fath beth? Ond fedra i ddim gwrthod y pres.

Efo dau o blant a gwraig i'w cadw, be neith dyn? Sut baswn i'n talu'r bilia a rhoi ond y gora i'r plantos wedyn? Wrth i mi drio achub fy aelwyd fy hun, dwi'n chwalu cannoedd o rai eraill. Dwi'n casáu fy hun.

Clywaf allwedd yng nghlo'r drws. Donna, wedi cyrraedd adra.

"Hai!"

"Hai."

Rhuthra'r plant i mewn i'r gegin yn eu pyjamas sy filltiroedd yn rhy fach iddyn nhw.

"Mam!"

"A be dach chi wedi bod yn neud heno?" hola Donna.

"Ma Dad wedi bod yn siarad efo rhyw ddyn," datgela Emma.

"Oooo? Pwy felly? Deud, Dave!"

"Yyyyy, ti'm yn 'i nabod o sti," sibrydaf yn euog. "Ryan Humphries. Byw yn y dre. Isio i mi neud joban iddo fo fory. Peintio rhyw gwt. Neith bres, neith?" ychwanegaf.

Mae Donna'n syllu'n amheus arna i. Gobeithio bod hi'n fy nghoelio i. Fasa fiw i mi adal i hon wbod be dwi'n neud go iawn, ne basa hi ar ben arna i.

"Sôn am bres, de, latsh – ges i 'win' bach heno hefyd!"

Diolch byth, mae hi wedi llyncu'r stori!

"Tenar," medda hi.

Fel na bydd Donna o hyd. Mae hi'n mynnu mynd i'r bingo bron bob nos. Deud ei bod hi'n teimlo'n lwcus, medda hi. Ond dwi'n ama ma trio mynd i ennill rhyw geiniog ma hi.

Y plant yn eistadd ar lawr y gegin yn chwara efo Lego. Dwi'n edrych arnyn nhw. Y petha bach. Mor berffaith. Mor annwyl. Mor ddiniwed i'r byd mawr creulon ma. A dwi newydd roi'r cyffuria na i Spike. Plentyn rhywun arall.

Fi ydy'r byd mawr creulon na sy'n dinistrio cymdeithas a bywyda...

Lle gythral mae Rat?

Duw a ŵyr pam mae pobol yn ei alw fo'n hynny chwaith. Dwi'n clywed cama ei draed yn dod fel carna ceffyl yn trotian. Cerdda'n sydyn â'i ben i lawr fel brân yn ei phlu. Wn i rŵan pan mae pobol yn ei alw fo'n Rat. Saetha ei lygaid mellt drwydda i fel dwy fwled werdd, anghynnes. Trwyn crwn, pigog fel bocsar a cheg hir, fain yn arddangos rhesiad bron o ddannedd aur sgleiniog. Côt ledr hir, oeraidd yn disgyn at ei draed fel y glaw o'm cwmpas.

"Sgin ti'r shares?" tarana.

"Sgin ti'r stock?" dwi'n holi.

Fel hyn mae o o hyd. Siarad mewn côd.

"Shares for stock," medda fo eto. Taflaf y pres anffodus i ddwylo sy wedi'u gorchuddio mewn modrwya tebyg i'r hyn sy i'w gweld ar glustia buwch.

"Stock for shares," meddwn inna rŵan. Mae'n chwilio yn ei bocedi gan estyn parsal go fawr wedi'i lapio mewn hen bapur Dolig.

Ar ôl gorffen y 'busnas', mi fyddwn ni'n dau'n hwylio i wahanol gyfeiriada heb air o ddiolch rhyngon ni. Perthynas felly sy gynnon ni. Dwi ddim yn ei nabod o mewn gwirionedd, na fynta finna. Dydy o ddim yn poeni amdana i, na finna amdano fo chwaith.

Cerdded ymaith wedyn o'r stryd gefn tu ôl i'r siop Chinese gan feddwl yn ddistaw. Dacw'r ysgol, a dew mae hi'n amsar chwara. O! a'r hen Terry ac Emma yna yn eu plith yn rhwla. Bechod na faswn i'n gallu mynd yn ôl i ddyddia ysgol. A gneud rhwbath ohoni. Mi ddywedon nhw ddigon wrtha i am wrando, ond fel arfer ron i'n gwbod yn well. Baswn i'n rhoi rhwbath i gael bod fath â fy ffrindia gynt. Rhan fwya ohonyn nhw wedi mynd mlaen a chael jobsys da. Bechod na faswn i fel na.

Faswn i ddim yn gorfod byw'r hunlla yma wedyn.

Ar y brig
(i Gareth Gates o'r gyfres *Pop Idol*)

Clap clap clap
fel sŵn traed cae llawn defaid yn nelu am y giat.
Gwib y galon
a'i churiadau'n ymosodol
yn ymchwyddo.
Codi'r meic.
Crynu fel person heb bwt o gôt mewn storm o eira.
Y Band yn taro.

Anwesu'r nodau'n ofalus,
rhag ofn i un ddenig
wedi pwdu
i gol y beirniad.
Gorffen.
Gwenu.

Cerdded o flaen ei well
â'r nerfau ar dân.
Gwrando.
Gwenu
ar bedwarawd y fainc.
Geiriau yn glynu
fel pibonwy yn y geg...

Dadmer llafariaid
a cheisio cynhesu cytseiniaid.

Gwneud dim
ond
gwenu â'i lygaid.

Daniel Roberts

Cwestiwn:	Pam mae dy wyneb di'n goch, Guto?
Ateb:	Newydd redeg i lawr y stryd i stopio ffeit.
Cwestiwn:	Da iawn ti. Pwy oedd yn cwffio?
Ateb:	Fi a rhyw foi anferth.

Beth ydy'r cerbyd mwya clên yn y byd?
Jac Codi Bawd!

Beth ddywedodd y goleuadau traffig wrth y groesffordd sebra?
'Paid ag edrych, dwi'n newid!'

Beth ydych chi'n galw dyn tân o Rwsia?
Ifan Watialosgi!

Roedd y broga yn unig ac yn isel ei ysbryd felly fe ffoniodd rif ffôn Seicic Sulwen a gofyn iddi sut ddyfodol oedd yn ei wynebu.

'Rydych chi'n mynd i gwrdd â merch ifanc hardd a bydd hi eisiau gwybod popeth amdanoch chi,' meddai Seicic Sulwen.

'Fydda i'n cwrdd â hi mewn parti?' holodd y broga.

'Na,' meddai Seicic Sulwen, 'mewn labordy bioleg.'

Roedd dau ymwelydd ar wyliau ar Ynys Môn ac aethon nhw i Llanfairpwllgwyngyllgogerychwyrndrobwllllantysiliogogogoch. Buon nhw'n ffraeo yn ddiddiwedd sut i ddweud yr enw. Aethon nhw o gwmpas y pentre yn y bore gan ddal i ffraeo. Wedyn aethon nhw am ginio. Wrth archebu bwyd, holodd un ohonyn nhw i'r gweinydd,

'Fedrech chi ddweud wrthan ni sut mae ynganu enw'r lle ma os gwelwch chi'n dda? ''Wrth gwrs,' meddai hi, 'Burrrrrrr, gerrrrrrr, Kiiiiiing.'

Mwnci a Sais oedd ar y roced gyntaf aeth i'r lleuad. Cafodd y ddau amlen yr un. Agorodd y mwnci ei amlen a chanfod fanylion ar sut i yrru'r roced, ei llywio, a glanio'n ddiogel ar y ddaear. Cafodd y Sais amlen, ynddi roedd manylion ar sut i fwydo'r mwnci.

41

Dwi isio mynd o ma

Cefais fy ysbrydoli i ysgrifennu'r darn yma ar ôl darllen y gerdd Mewn cartre hen bobl *gan Eirian Davies o'r gyfrol* Sbectol Inc.

"Dan ni'n cal mynd adra heddiw?"

Dydd Sul arall yn y cartref. Roedd pawb wrth eu bodd efo Dydd Sul am ddau reswm, y cinio a'r visitings am ddau o'r gloch. Byddai hi fel ffair yno bob pnawn Sul – pawb yn gweiddi ar draws ei gilydd.

"Mrs Jones. Mae Megan yma i'ch gweld chi."

"Pwy?" gofynnodd hithau'n ddryslyd i gyd.

"Y fi, Mam. Megan!"

"Peidiwch â phoeni. Bydd hi'n iawn mewn munud," atebodd y metron fel tasai Mrs Jones ddim yno, ddim yn bod, hyd yn oed.

Estynnodd am gadair a'i gosod o flaen ei mam yn yr haul crasboeth a oedd yn syllu arnyn nhw. Byddai hi wrth ei bodd yn cael eistedd yn y ffenast ar ddiwrnod braf i gael busnesu be oedd yn digwydd.

Ceisiodd Megan sgwrsio efo hi am oria, ond chymerodd hi ddim sylw ohoni, dim ond syllu ar bot bloda brown y tu allan, a hwnnw'n llawn o rosod coch bendigedig yn sgleinio yn yr haul.

"Ma Elin yn naw oed fory."

Dim ateb, mond dal i syllu.

"Mae'n cofio atoch chi, a Rhys hefyd. Mae Rhys newydd basio arholiad piano rŵan, ac Elin wedi... "

"AAAAAAAAAAAAAAA!!!!"

Atseiniodd sgrech dros y lle i gyd a phawb yn troi i edrych i gyfeiriad Ann yn y gornel. Rhedodd y metron ati'n sionc a gafael amdani'n dynn.

"Naaaafo, Ann, setlwch i lawr rŵan. Dach chi isio panad bach o de?"

Dyna fyddan nhw wastad yn ei neud, eu trin nhw fel tasan nhw'n blant dosbarth derbyn a chynnig panad o de fel tasa hynny'n mynd i ddatrys bob dim.

"Dwi isio mynd o ma. Dwi isio mynd o ma. Dwi isio mynd o ma... " Ailadrodd y frawddeg gan fynd yn fwy, fwy cynhyrfus bob tro. Dechreuodd grynu fel deilen yn yr hydref ac yna cododd o'i sedd a cherdded am y drws fel ysbryd ar goll.

"Cerwch yn ôl i'ch sêt. Bydd Catrin yn dod â phanad i chi rŵan."

Stopiodd yn stond. Caethwas. Dyna oedd hi mewn gwirionedd. Caethwas o fewn ei chorff ei hun. Gwasgodd ei dwylo'n dynn gan fynd yn ôl i'w sedd a'r dagrau'n llifo i lawr ei bochau llawn creithiau bywyd.

Bum munud yn ddiweddarach roedd pawb wedi setlo ac roedd tawelwch annifyr yn llenwi'r ystafell, tawelwch fel ystafell aros mewn ysbyty. Ambell i besychiad. Tisian. Snwffian distaw o'r gornel. Yr ystafell fechan yn cau amdanyn nhw a'r gwres afiach yn eu mygu. Arogl pi-pi wedi sychu yn gymysgfa efo arogl y cinio bendigedig, ac yn codi pwys ar bawb. Y waliau wedi'u peintio'n lliwiau oeraidd a'r potiau bloda'n sefyll yn un rhes daclus ar y silff uwch ben y lle tân hen ffasiwn.

"Pawb yn iawn?" gofynnodd y metron gan drio'i gorau glas i newid yr awyrgylch.

"Yndan diolch, metron," atebodd pawb oedd yn ymweld, fel un côr efo'i gilydd.

"Wel, mae'n well i mi ei throi hi. Mae gin i gymaint i'w wneud, cyfarfod yn Sir Fôn am bedwar a dwi isio nôl presant Elin a bob dim." ychwanegodd Megan

"Gei di sbario dwad wsnos nesa os ydy o'n ormod o draffath gin ti!" atebodd hithau.

"Gawn ni weld. Ffonia i, ylwch."

"Ella fydda i ddim yma, beth bynnag. Bydda i wedi mynd at Wil. Gobeithio!" atebodd yr hen wreigan hefo mymryn o obaith yn ei llais.

"Bob, ia. Bob oedd enw Dad."

"Dyna ddeudis i, de. Ti'n meddwl bo fi'n colli arni

ne rwbath? Dwi'n cofio enw ngŵr y'n hun, siŵr."

"Wil ddutsoch chi, Mam."

"Paid â bod yn wirion. Gŵr Nansi Tŷ Capal oedd hwnnw. Rêl hen dderyn o rwbath. Dos o ngolwg i, wnei di."

Gadawodd Megan yn ei phrysurdeb gan daro sgwrs ddistaw yng nghlust y metron am gyflwr ei mam.

"Cofiwch ffonio os ydy hi'n dechra gneud niwsans ohoni ei hun, newch chi, metron?"

"Iawn, Megan. Welan ni chi wsnos nesa, ia?"

"Ga i weld. Hwyl."

Dyna oedden nhw i gyd. Niwsans a dim byd arall.

Wedi iddi nosi roedd yr awyrgylch yn llawer gwell. Ann wedi setlo i lawr rhyw fymryn a phawb wedi cael rest bach ar ôl pnawn go hectic. Tra oedd pawb yn eistedd yn eu cadeiria, cododd Mrs Jones i fynd i gael rhyw sgwrs fach efo Ann.

"Dach chi'n well rŵan, Ann?"

"Dwi isio mynd o ma chi, Leusa. Mynd at y gŵr a Duw, te."

"Dodd y ferch ddim isio fi. Rhy brysur efo'i phetha'i hun, te. Dwi'n cofio Mam yn deud wrtha i pan oeddwn i tua deg oed ychi, ar ôl i ni golli Dad, bod ein teulu ni'n sticio efo'i gilydd pan fo petha fel hyn yn digwydd. Os bydd un person yn cael cic yn 'i goes, yna ma pawb yn gloff. Dwn i'm be sy wedi digwydd, wir."

Eisteddodd y ddwy'n dawel am ychydig funudau a'u meddyliau ymhell i ffwrdd fel tasen nhw mewn byd arall.

"Ydy. Mae'r oes wedi newid, tydy Leusa."

Athrawes

Beth sydd tu ôl i'ch cownter chi?
Ai bwrlwm o syniadau?
Ai poteli 'lemoned'
a chithau'n rhoi'r 'ffis' ynddo.
Ydych chi'n gwerthu
'sisyrnau anweledig'
a buniau i roi geiriau gwastraff a llanw ynddo?
Poteli'n magu llwch,
ac ychydig ohono wedi mynd i'ch llygaid
yn achosi
winc
bach slei.
'Llechi glân' ar gyfer pob diwrnod.
'Hwfers' newydd sbon sbincan
i hwfrio'r ymennydd ar ôl gwyliau.
Gemau geiriau
yn lle gemau cardiau,
peli syniadau'n bownsio – o gwsmer i gwsmer.
Yn fy meddwl i,
mae llun ohonoch chi
yn 'dilyn sgwarnogod'
yn cuddio eich gwên yn eich 'polo-nec' du –
yn aros o hyd, ar silff y cof.

Kathy Griffiths

Chwedl Benolwch a Melynfair

Un prynhawn braf, cyn bod sôn am ffôn symudol, na hyd yn oed 'laptop', na thrydan ym Mhenrhyn Llŷn; a dim sôn chwaith am lechi ar doeau Mynytho, na cherrig ar y neuadd enwog – a chyn bod sôn am ffenestri mewn tai – roedd merch brydferth o'r enw Melynfair yn cerdded ar lwybr o gwmpas palas ei thad. Diwrnod sych, braf – diwrnod perffaith i gerdded ar hyd lwybrau. Roedd ganddi wallt melyn hir a llygaid glas, ac roedd hi bob amser yn gwisgo ffrog laes o las golau, golau. Roedd hi'n dlws eithriadol. Roedd pawb yn hoff iawn ohoni.

Roedd un llanc wedi syrthio dros ei ben a'i glustiau mewn cariad gyda Melynfair. Ei enw oedd Benolwch, ac roedd y ddau ohonyn nhw wedi cynllunio i briodi, ond roedd rhaid i Melynfair ofyn am ganiatâd ei thad yn gyntaf. Aeth Melynfair i balas ei thad er mwyn gofyn caniatâd.

"Fy nhad," meddai Melynfair.

"Ia," atebodd yntau.

"Os gwelwch yn dda, ga i ganiatâd i briodi Benolwch?" gofynnodd Melynfair yn obeithiol.

"Mmmm, Benolwch," pendronodd ei thad. "Ia, tyrd â fo yma i'r palas. Mae gen i ychydig o dasgau iddo."

"O! dwi'n siŵr y gall Benolwch wneud unrhyw beth i mi," meddai Melynfair yn falch.

Y bore wedyn roedd Benolwch ym mhalas ei thad.

"Bore da, syr," cyfarchodd Benolwch ef.

"Ac i tithau hefyd, Benolwch," dywedodd tad Melynfair. "Dwi'n clywed dy fod ti a fy merch yn cynllunio i briodi. Ond cyn iddi hi gael fy nghaniatâd i, bydd yn rhaid i ti gyflawni tair tasg."

"Be felly?" gofynnodd Benolwch gan ddechrau pryderu y byddai'r tasgau hyn yn anodd.

"Y dasg gyntaf ydy mynd allan i'r môr, lladd siarc, ac yna dal tylwythen deg mewn cawell. Fe gei di ryddhau'r dylwythen deg wedyn," eglurodd.

"Iawn. Erbyn pryd yr ydych chi eisiau i mi wneud y dasg yma?"

"Wythnos i heddiw," meddai'r tad yn eithaf siarp.

"O'r gore syr," cytunodd Benolwch.

"Gwell i ti fynd, mae gen ti ddigon o bethau i'w gwneud," gorchmynnodd.

Ufuddhaodd Benolwch ac fe aeth, yn benderfynol ei fod am briodi Melynfair, y ferch hyfryta a gerddodd y blaned erioed. O ia, rydw i wedi anghofio dweud beth oedd enw tad Melynfair. Enw tad Melynfair oedd Deulafn.

Y peth cyntaf wnaeth Benolwch oedd mynd i chwilio am ei ffrind, Cwyros, a oedd yn gallu siarad gydag anifeiliaid. Roedd gan Benolwch gynllun yn ei feddwl, sef cael Cwyros i siarad gyda siarc ar wyneb y dŵr. Yna buasai Benolwch yn gallu bod mewn cwch y tu ôl i'r siarc a'i ddal mewn rhwyd a'i ladd yn syth bìn gyda chyllell drwy ei wddf. Ac yn wir, dyna wnaeth Benolwch, wedi i Cwyros gytuno i'w helpu.

Nawr, yr oedd Benolwch wedi cyflawni hanner y dasg gyntaf. Ar ei ffordd adref ar ôl iddo ddal y siarc, roedd Benolwch yn cerdded ar hyd llwybr caregog, ac nid oedd yn gallu credu ei lygaid pan welodd dylwythen deg yn gorwedd ar wastad ei chefn ar y llwybr gyda golwg boenus ar ei hwyneb.

"Beth wyt ti'n ei wneud yma?" gofynnodd Benolwch i'r dylwythen deg wrth blygu i lawr.

"Wedi brifo fy aden binc ydw i, yr un ar yr ochr dde," atebodd hithau'n nerfus.

"Mi wna i daro bargen gyda ti," sibrydodd Benolwch. "Os a' i â chdi adref ac edrych ar dy ôl a dy wella, a wnei di rywbeth i minnau?"

"Gwnaf," meddai'r dylwythen deg. "Wel, mae hi'n dibynnu be 'di o hefyd."

Ar ôl i Benolwch ddweud yr hanes am yr holl

dasgau, ac am y siarc, ac am y dylwythen deg mewn cawell, a dweud y buasai'n ei gollwng wedyn, cytunodd y dylwythen deg y buasai hi'n mynd i'r gawell.

Drannoeth, yr oedd Benolwch ym mhalas Deulafn, cyn codi cŵn Caer!

Cyfarchodd Deulafn ef. "Ew, bore da, Benolwch. Dod yma i ddweud eich bod yn ildio ydach chi, ia?!"

"Nage wir," atebodd Benolwch yn blaen.

Dangosodd Benolwch iddo y siarc a'r dylwythen deg mewn cawell. Cafodd Deulafn andros o sioc pan welodd y rhain.

"Da iawn ti," dywedodd Deulafn, a oedd yn dal mewn dipyn o fraw.

"Diolch," atebodd Benolwch, gan ryddhau'r dylwythen deg.

"Yr ail dasg," cychwynnodd tad Melynfair. "Yr ail dasg fydd nôl y fodrwy aur sydd wedi'i chuddio o dan y goeden dderwen fwyaf yn y Goedwig Dywyll. Ond gofala nad yw Duw y Modrwyau, a'r gwrachod sy'n gwarchod y fodrwy, yn dy ddal. Yr unig beth arall medra i ei ddweud yw 'pob lwc'. Hwyl!" Chwarddodd Deulafn gan feddwl na fuasai Benolwch yn gallu cyflawni tasg mor anodd.

Ufuddhaodd Benolwch a gadael y palas. Yr oedd yn teimlo'n nerfus, ond yn benderfynol ei fod am gyflawni'r dasg. Roedd yn poeni am Dduw y

Modrwyau ac am y gwrachod, ond er gwaethaf ei bryderon, fe ddechreuodd ar ei daith i'r Goedwig Dywyll.

Fe gymerodd hi ryw bedair awr iddo gyrraedd yno. Wedi cyrraedd, gosododd Benolwch flanced ar y llawr a'i hoelio gyda brigau, nes ei bod yn edrych fel rhyw fath o babell. Cysgodd yno am noson, ond nid oedd wedi cyrraedd canol y goedwig eto. Ben bore, aeth Benolwch i ganol y goedwig, ac fe fu'n chwilota am y goeden dderwen am oriau ym mhob twll a chornel o'r lle.

"Mae pob coeden yn edrych yr un fath!" meddyliodd Benolwch yn gymysglyd, ond cyn pen dim gwelodd ryw fath o fedd gyda'r geiriau hyn arno:

Y fodrwy aur a Duw y Modrwyau
sy'n gorwedd o dan y goeden dderwen fwyaf.
Hunodd yn dawel ar Fedi'r 3ydd.
Hedd perffaith hedd.

Cafodd Benolwch ryw hen deimlad annifyr ac aeth ias oer lawr asgwrn ei gefn. Nid oedd yn hoffi'r syniad o orfod agor bedd.

"O wel, mi 'na i unrhyw beth i gael priodi Melynfair," meddyliodd Benolwch yn benderfynol. Cyn pen dim roedd wedi dechrau tyrchu'r bedd, ond yn sydyn ymddangosodd gwrach o'i flaen. Gwrach

Hagr y Gorllewin oedd hi.

Cafodd sioc. "Pwy ydach chi?" gofynnodd Benolwch "Gwrach Hagr y Dwyrain, ia?"

"Nage siŵr," atebodd y wrach yn siarp. "Gwrach Hagr y Gorllewin ydw i. Yr hyn dwi isio wybod yw pwy ydach chi, a beth ydach chi'n feddwl dach chi'n wneud yn tyrchu bedd Duw y Modrwyau a'r fodrwy aur."

"Wel, Benolwch ydw i," atebodd yntau'n blwmp ac yn blaen. "Dwi eisiau'r fodrwy aur er mwyn ei rhoi i Deulafn, sef tad Melynfair, yr un rydw i am ei phriodi."

"Pam ei fod o eisiau'r fodrwy aur?" gofynnodd y wrach yn ddryslyd.

"Dwi i fod i gyflawni tair tasg er mwyn cael priodi Melynfair, a hon yw'r ail dasg."

"O, felly?" meddai Gwrach Hagr y Gorllewin. "Os wyt ti eisiau'r fodrwy, rhaid i ti nôl y blodyn 'es' i mi. Mae o ym mhen draw'r goedwig, a rhaid i ti ddod yn ôl gyda'r blodyn ymhen awr."

"Iawn," meddai Benolwch a oedd wedi dechrau diflasu ar gyflawni tasgau.

Rhedodd Benolwch nerth ei draed i ben draw'r goedwig. Gwelodd hen flodyn du rhyfedd, a meddyliodd mai hwnnw oedd y blodyn 'es'. Ond NA! Roedd blodyn arall tebyg yn ei ymyl, gyda smotyn glas arno. Cofiodd am un o'r gwersi natur a gafodd gan ei dad pan oedd yn fachgen, a bod 'es' yn golygu smotyn glas yng Ngwlad y Tylwyth Teg. Cymerodd y blodyn a rhedodd yn ôl at y wrach a oedd wedi estyn y fodrwy aur o'r bedd yn barod i Benolwch.

"Dyma'r blodyn 'es'," meddai wrthi.

"Diolch," atebodd y wrach. "A dyma'r fodrwy i ti."

Cymerodd Benolwch y fodrwy aur ac aeth yn syth i balas Deulafn. Roedd Deulafn yn syfrdan pan welodd o Benolwch yn dal yn fyw a'r fodrwy yn ei law.

"Ew, ardderchog," meddai'n flin. "Cofia fod gen ti dasg arall, sef nôl blewyn o gynffon blaidd. Mae gen ti hanner awr i'w chyflawni."

"Iawn, syr," meddai Benolwch, yn flinedig. Yr oedd Benolwch yn meddwl y byddai'r dasg yma'n un hawdd, ond fe fu'n rhy fyrbwyll. Aeth yn syth at flaidd, cymerodd flewyn o'i gynffon, OND daeth blaidd arall y tu ôl iddo a'i frathu. Bu farw Benolwch yn y fan a'r lle.

Aeth Melynfair am dro i'r goedwig ac fe welodd hi gorff Benolwch ar y llawr, â gwaed drosto. Criodd Melynfair; fe griodd a chriodd. Creodd afon fach gyda'i dagrau, yna llynnoedd a oedd yn tyfu a thyfu. Nid oedd hi'n medru credu bod Benolwch wedi cael ei ladd wrth geisio cyflawni'r dasg olaf, ac yntau wedi llwyddo i gyflawni'r ddwy gyntaf a oedd mor anodd.

Y noson cyn ei angladd, aeth Melynfair at lyn roedd hi wedi'i greu â'i dagrau yn ei galar am Benolwch, ac yn sydyn daeth golau mawr o'i hamgylch, a throdd yn alarch. Mae hi'n dal yn alarch hyd heddiw, ac mae hi wedi crio cymaint nes iddi greu'r môr. Ia, gorchuddio dwy ran o dair o'r ddaear â'i dagrau. Mae rhai'n dweud ei bod hi'n crio hyd heddiw, ac mai ei bai hi yw bod lefel y môr yn codi o flwyddyn i flwyddyn, ac nid effaith tŷ gwydr sy'n gwneud hyn.

Does neb yn siŵr iawn, ond mae pawb yn gwybod mai dyna'r rheswm pam fod môr i'w gael.

Ydych chi'n meddwl mai dagrau Melynfair yw'r glaw sy'n disgyn ar eich pennau heddiw?

Ystyriwch chi!

Fi

"O, sbia annwyl di hi!"
"Bechod!"
Wynebau'n gwneud stumiau
di-ystyr.
Pam?
"Mai di tyfu do!"
"Ti'n debyg 'i dy fam dwyt... "
Yr un hen diwn gron drosodd a throsodd.
Dwi ddim yn edrych fel neb,
Fi ydi Fi.
Dim ots pwy yw fy mam,
pwy yw fy nhad,
fy nheulu.
Fi ydi fi.
Fy enaid,
fy meddwl,
fy nghorff,
fi piau nhw i gyd.
Rhowch lonydd
i
mi,
fod yn
fi fy hun.

Kathy Griffiths

Pwy ydw i?

Y peth ola sy'n poeni merch bedair ar ddeg oed efo mobail ffôn yn ei phoced a gwm cnoi yn ei cheg yw sut un oedd ei hen, hen daid. Dim byd i neud efo fi, nac 'dy? Ond wrth isda ar yr hen soffa glyd yn y gegin efo panad yn fy llaw a Mam wrth fy ochr, dechreuson ni hel llwch oddi ar hen hanesion, ac fe ges i agoriad llygaid wrth i mi wrando'n astud sut ydw i, megis hedyn, wedi magu fy ngwreiddiau.

Dipyn o fabi Mam ydw i wedi bod erioed, felly mi gychwynna i ar ei hochr hi o'r teulu. Y stori sy'n cael ei hadrodd amla yw'r stori am fy hen, hen daid i, hen daid fy mam, taid fy nain, a thad William Jones sef tad fy nhaid. Ei enw oedd John Jones. Wedi'i fagu â heli'r môr yn ei waed, ac wedi tyfu i fod yn gapten llong.

Yn hannar cant fe benderfynodd ymddeol, ond bu galwad arno i fynd ar un fordaith olaf. Hwyliodd oddi cartref am y tro olaf yn 1912 ar fwrdd y llong *Cumbrian Queen*. Suddodd y llong a boddwyd y criw i gyd, gan gynnwys fy hen, hen daid, yn Mae Biscay, ac ni chyrhaeddodd adre wedyn i ffermio yn Ffridd, Ceidio.

Wrth gwrs, mae yna straeon sydd wedi cael eu cadw'n ddistaw, fel hon sy'n gyfrinach ymhlith aelodau'r teulu... Roedd William Jones, fy hen daid ar ochr fy mam, yn gyw gweinidog yn astudio ar gyfer y weinidogaeth yng Ngholeg Clynnog. Roedd wedi bod yn caru efo fy hen nain, ond ffraeodd y ddau deulu a rhoddwyd diwedd ar bethau rhyngddyn nhw. Mae gan eu merch, sef fy nain, lyfr lloffion yn cynnwys pennill serch a gyfansoddodd fy hen daid i Lisi, fy hen nain, yn ystod eu carwriaeth gyntaf. Ymhen blynyddoedd wedyn – fy hen daid erbyn hynny'n canlyn efo merch ffarm gyfagos, a Lisi dros dri deg oed ac yn prysur fynd yn hen ferch – cyfarfu'r ddau eto yn Ffair Cricieth ryw noson braf ym mis Mehefin.

Hawdd cynnau tân ar hen aelwyd, meddan nhw, a naw mis yn ddiweddarach ganwyd Elisbeth fy nain! Bu'n rhaid i'r gweinidog droi'n ffarmwr! Ac ar ôl fy hen nain y cefais fy enw canol, sef Lisabeth.

Mae Mam yn dweud bod fy mhersonoliaeth yn anhygoel o debyg i un Dad ar brydiau. A minnau wedi derbyn ei groen tywyll gydag ôl cusanu'r haul arno, a'i wallt tywyll dwfn, symudaf ymlaen i sôn am deulu fy nhad.

Mae tipyn bach o waed Albanaidd yno i. Roedd nain fy nain yn enedigol o'r Alban ac wedi ei magu yno, ac roedd mam fy nain, sef Nain Llofft, yn cofio'i mam yn canu Gaeleg; yn anffodus, ni ddysgodd hi iaith ei mam, neu ella y baswn innau'n ei medru heddiw! Nain Llofft oedd hi i bawb, ond chefais i mo'r fraint o'i chyfarfod, gan ei bod hi wedi gadael y byd ma cyn i mi ei gyrraedd.

Ganwyd Nain Llofft yng Nghorris, ond yn ne Cymru y magwyd hi, yn Abercynon, Treharris a Threherbert. Dynas benderfynol, solat oedd hi. Mae Mam yn cofio mynd i Dŷ'r Ysgol, cartref fy nain a nhaid ym Mhwllheli, a chlywed Nain Llofft yn dweud, "Dwi isio marw heddiw. Dwi isio mynd at Bobi [ei gŵr] a Mona [ei chwaer]." Bu farw ei chwaer wrth i'w hapendics ffrwydro.

Yr ateb swta fyddai hi'n gael gan fy nhaid, a oedd wedi hen arfer â'i chastiau oedd, "Ia, wath i chi farw heddiw ddim. Diwrnod braf i farw!" Roedd hynny'n rhoid taw arni bob tro!

Mae fy nhaid yn dipyn o gymêr hefyd! Wedi bod yn Gapten yn ystod yr Ail Ryfel Byd ac wedi gweld llawer iawn o olygfeydd hyfryd ond hefyd rhai creulon. Mae ei ben yn byrlymu o straeon a bydd wrth ei fodd yn eu hadrodd wrthon ni. Roedd Taid yn un o saith o blant, chwe bachgen ac un ferch yn eu canol. Erbyn heddiw dim ond taid a'i chwaer Jini sy'n dal gyda ni.

Felly, wedi ystyried, dwi'n gymysgedd diddorol iawn o ddwy ochr y teulu.

pen dafad

Bach y Nyth
Nia Jones 0 86243 700 8

Cawl Lloerig
Nia Royles (gol.) 0 86243 702 4

Ceri Grafu
Bethan Gwanas 0 86243 692 3

Gwerth y Byd
Mari Rhian Owen 0 86243 703 2

Iawn Boi? ;-)
Caryl Lewis 0 86243 699 0

Jibar
Bedwyr Rees 0 86243 691 5

Mewn Limbo
Gwyneth Glyn 0 86243 693 1

Noson Boring i Mewn
Alun Jones (gol.) 0 86243 701 6

Cyfres i'r arddegau
Ar gael o'r Lolfa: ylolfa@ylolfa.com neu o siop lyfrau leol

Am wybodaeth am holl gyhoeddiadau'r Lolfa,
mynnwch gopi o'n Catalog newydd, neu
hwyliwch i mewn i'n gwefan:
www.ylolfa.com

y Lolfa

Talybont, Ceredigion SY24 5AP
e-bost ylolfa@ylolfa.com
gwefan www.ylolfa.com
ffôn +44 (0)1970 832 304
ffacs 832 782
isdn 832 813